U0515806

海上絲綢之路基本文獻叢書

山海鈔關則例

〔清〕佚名 編

文物出版社

圖書在版編目（CIP）數據

山海鈔關則例 /（清）佚名編 . -- 北京 : 文物出版
社 , 2022.7
（海上絲綢之路基本文獻叢書）
ISBN 978-7-5010-7605-5

Ⅰ . ①山… Ⅱ . ①佚… Ⅲ . ①山海關－税收管理－條
例－財政史－清代 Ⅳ . ① F812.722.3

中國版本圖書館 CIP 數據核字（2022）第 086704 號

海上絲綢之路基本文獻叢書
山海鈔關則例

編　　者：〔清〕佚名
策　　劃：盛世博閱（北京）文化有限責任公司

封面設計：鞏榮彪
責任編輯：劉永海
責任印製：蘇　林

出版發行：文物出版社
社　　址：北京市東城區東直門内北小街 2 號樓
郵　　編：100007
網　　址：http://www.wenwu.com
經　　銷：新華書店
印　　刷：北京旺都印務有限公司
開　　本：787mm×1092mm　1/16
印　　張：11.125
版　　次：2022 年 7 月第 1 版
印　　次：2022 年 7 月第 1 次印刷
書　　號：ISBN 978-7-5010-7605-5
定　　價：90.00 圓

總緒

海上絲綢之路，一般意義上是指從秦漢至鴉片戰爭前中國與世界進行政治、經濟、文化交流的海上通道，主要分爲經由黃海、東海的海路最終抵達日本列島及朝鮮半島的東海航綫和以徐聞、合浦、廣州、泉州爲起點通往東南亞及印度洋地區的南海航綫。

在中國古代文獻中，最早、最詳細記載『海上絲綢之路』航綫的是東漢班固的《漢書·地理志》，詳細記載了西漢黃門譯長率領應募者入海『齎黃金雜繒而往』之事，書中所出現的地理記載與東南亞地區相關，并與實際的地理狀況基本相符。

東漢後，中國進入魏晉南北朝長達三百多年的分裂割據時期，絲路上的交往也走向低谷。這一時期的絲路交往，以法顯的西行最爲著名。法顯作爲從陸路西行到印度，再由海路回國的第一人，根據親身經歷所寫的《佛國記》（又稱《法顯傳》）一書，詳細介紹了古代中亞和印度、巴基斯坦、斯里蘭卡等地的歷史及風土人情，是瞭解和研究海陸絲綢之路的珍貴歷史資料。

隨着隋唐的統一，中國經濟重心的南移，中國與西方交通以海路爲主，海上絲綢之路進入大發展時期。廣州成爲唐朝最大的海外貿易中心，朝廷設立市舶司，專門管理海外貿易。唐代著名的地理學家賈耽（七三〇~八〇五年）的《皇華四達記》記載了從廣州通往阿拉伯地區的海上交通『廣州通夷道』，詳述了從廣州港出發，經越南、馬來半島、蘇門答臘半島至印度、錫蘭，直至波斯灣沿岸各國的航綫及沿途地區的方位、名稱、島礁、山川、民俗等。譯經大師義净西行求法，將沿途見聞寫成著作《大唐西域求法高僧傳》，詳細記載了海上絲綢之路的發展變化，是我們瞭解絲綢之路不可多得的第一手資料。

宋代的造船技術和航海技術顯著提高，指南針廣泛應用於航海，中國商船的遠航能力大大提升。北宋徐兢的《宣和奉使高麗圖經》詳細記述了船舶製造、海洋地理和往來航綫，是研究宋代海外交通史、中朝友好關係史、中朝經濟文化交流史的重要文獻。南宋趙汝適《諸蕃志》記載，南海有五十三個國家和地區與南宋通商貿易，形成了通往日本、高麗、東南亞、印度、波斯、阿拉伯等地的『海上絲綢之路』。

宋代爲了加強商貿往來，於北宋神宗元豐三年（一〇八〇年）頒佈了中國歷史上第一部海洋貿易管理條例《廣州市舶條法》，并稱爲宋代貿易管理的制度範本。

元朝在經濟上採用重商主義政策，鼓勵海外貿易，中國與歐洲的聯繫與交往非常頻繁，其中馬可·波羅、伊本·白圖泰等歐洲旅行家來到中國，留下了大量的旅行記，記録了元代海上絲綢之路的盛況。元代的汪大淵兩次出海，撰寫出《島夷志略》一書，記録了二百多個國名和地名，其中不少首次見於中國著録，涉及的地理範圍東至菲律賓群島，西至非洲。這些都反映了元朝時中西經濟文化交流的豐富内容。

明、清政府先後多次實施海禁政策，海上絲綢之路的貿易逐漸衰落。但是從明永樂三年至明宣德八年的二十八年裏，鄭和率船隊七下西洋，先後到達的國家多達三十多個，在進行經貿交流的同時，也極大地促進了中外文化的交流，這些都詳見於《西洋蕃國志》《星槎勝覽》《瀛涯勝覽》等典籍中。

關於海上絲綢之路的文獻記述，除上述官員、學者、求法或傳教高僧以及旅行者的著作外，自《漢書》之後，歷代正史大都列有《地理志》《四夷傳》《西域傳》《外國傳》《蠻夷傳》《屬國傳》等篇章，加上唐宋以來衆多的典制類文獻、地方史志文獻，集中反映了歷代王朝對於周邊部族、政權以及西方世界的認識，都是關於海上絲綢之路的原始史料性文獻。

海上絲綢之路概念的形成，經歷了一個演變的過程。十九世紀七十年代德國地理學家費迪南·馮·李希霍芬（Ferdinad Von Richthofen，一八三三～一九〇五），在其《中國：親身旅行和研究成果》第三卷中首次把輸出中國絲綢的東西陸路稱爲『絲綢之路』。有『歐洲漢學泰斗』之稱的法國漢學家沙畹（Édouard Chavannes，一八六五～一九一八），在其一九〇三年著作的《西突厥史料》中提出『絲路有海陸兩道』，蘊涵了海上絲綢之路最初提法。迄今發現最早正式提出『海上絲綢之路』一詞的是日本考古學家三杉隆敏，他在一九六七年出版《中國瓷器之旅：探索海上的絲綢之路》中首次使用『海上絲綢之路』一詞，一九七九年三杉隆敏又出版了《海上絲綢之路》一書，其立意和出發點局限在東西方之間的陶瓷貿易與交流史。

二十世紀八十年代以來，在海外交通史研究中，『海上絲綢之路』一詞逐漸成爲中外學術界廣泛接受的概念。根據姚楠等人研究，饒宗頤先生是華人中最早提出『海上絲綢之路』的人，他的《海道之絲路與昆侖舶》正式提出『海上絲路』的稱謂。此後，大陸學者選堂先生評價海上絲綢之路是外交、貿易和文化交流作用的通道。

馮蔚然在一九七八年編寫的《航運史話》中，使用『海上絲綢之路』一詞，這是迄今學界查到的中國大陸最早使用『海上絲綢之路』的人，更多地限於航海活動領域的考察。一九八〇年北京大學陳炎教授提出『海上絲綢之路』研究，并於一九八一年發表《略論海上絲綢之路》一文。他對海上絲綢之路的理解超越以往，且帶有濃厚的愛國主義思想。陳炎教授之後，從事研究海上絲綢之路的學者越來越多，尤其沿海港口城市向聯合國申請海上絲綢之路非物質文化遺產活動，將海上絲綢之路研究推向新高潮。另外，國家把建設『絲綢之路經濟帶』和『二十一世紀海上絲綢之路』作爲對外發展方針，將這一學術課題提升爲國家願景的高度，使海上絲綢之路形成超越學術進入政經層面的熱潮。

與海上絲綢之路學的萬千氣象相對應，海上絲綢之路文獻的整理工作仍顯滯後，遠遠跟不上突飛猛進的研究進展。二〇一八年廈門大學、中山大學等單位聯合發起『海上絲綢之路文獻集成』專案，尚在醞釀當中。我們不揣淺陋，深入調查，廣泛搜集，將有關海上絲綢之路的原始史料文獻和研究文獻，分爲風俗物產、雜史筆記、海防海事、典章檔案等六個類別，彙編成《海上絲綢之路歷史文化叢書》，於二〇二〇年影印出版。此輯面市以來，深受各大圖書館及相關研究者好評。爲讓更多的讀者親近古籍文獻，我們遴選出前編中的菁華，彙編成《海上絲綢之路基本文獻叢書》，以單行本影印出版，以饗讀者，以期爲讀者展現出一幅幅中外經濟文化交流的精美畫卷，爲海上絲綢之路的研究提供歷史借鑒，爲『二十一世紀海上絲綢之路』倡議構想的實踐做好歷史的詮釋和注脚，從而達到『以史爲鑒』『古爲今用』的目的。

凡 例

一、本編注重史料的珍稀性，從《海上絲綢之路歷史文化叢書》中遴選出菁華，擬出版百冊單行本。

二、本編所選之文獻，其編纂的年代下限至一九四九年。

三、本編排序無嚴格定式，所選之文獻篇幅以二百餘頁爲宜，以便讀者閱讀使用。

四、本編所選文獻，每種前皆注明版本、著者。

五、本編文獻皆爲影印，原始文本掃描之後經過修復處理，仍存原式，少數文獻由於原始底本欠佳，略有模糊之處，不影響閱讀使用。

六、本編原始底本非一時一地之出版物，原書裝幀、開本多有不同，本書彙編之後，統一爲十六開右翻本。

目録

山海鈔關則例

山海鈔關則例

〔清〕佚名 編

清抄本

山海鈔關奉請

欽定側例頒發大關

乾集上部

紬緞門

夏布門

鞋襪門

糖果門

估衣門

冬布門

帽袖門

雜糧門

菜蔬門

皮貨門

坤集下部

獐鹿門

玉玩門

褋貨門

銅鐵門

小罷門

弓鞍門

船艙門

藥料門

紙筆門

絲棉門

磁罷門

竹漆門

木料門

紬緞門

大紅蟒緞十疋　　　　　銀三兩六錢七分五厘

大紅線緞十疋　　　　　銀仝上

桃紅蟒緞十疋　　　　　銀二兩七錢七分五厘

桃紅線緞十疋　　　　　銀仝上

大紅錦緞十疋　　　　　銀二兩四錢七分五厘

大紅粧緞十疋　　　　　銀仝上

大紅線紬十疋　　　　　銀二兩四錢一分二厘五厘

大紅綠綢十疋　　　　　　銀二兩四錢一分二厘五毫

蟒緞十疋　　　　　　　　銀一兩八錢七分五厘

綠緞十疋　　　　　　　　銀仝上

大紅緞十疋　　　　　　　銀仝上

大紅官緞十疋　　　　　　銀仝上

大紅寧紬十疋　　　　　　銀仝上

大紅片金十疋　　　　　　銀仝上

桃紅粧緞十疋　　　　　　銀仝上

桃紅錦緞叶疋　　　　　　　　　銀仝上　銀一兩八錢一分二厘五毫

桃紅線紬十疋　　　　　　　　　銀一兩八錢一分二厘五毫

桃紅線綢十疋　　　　　　　　　銀仝上

大紅帽緞十疋　　　　　　　　　銀一兩五錢一分五厘

天哆囉呢一疋　　　　　　　　　銀一兩四錢四分七厘五毫

桃紅緞十疋　　　　　　　　　　銀一兩四錢二分五厘

桃紅宮紬十疋　　　　　　　　　銀仝上

桃紅帽緞十疋　　　　　　　　　銀一兩一錢五分五厘

藕粧錦緞十疋　　　　　　　　　銀一兩二錢七分五厘

粧緞十疋　　　　　　　　　　　銀仝上

綠紬十疋　　　　　　　　　　　銀一兩二錢一分二厘五毫

綠縐十疋　　　　　　　　　　　銀仝上

□大紅紗十疋　　　　　　　　　銀一兩零三分五厘

大紅縐紗十疋　　　　　　　　　銀仝上

緞子十疋　　　　　　　　　　　銀九錢七分五厘

倭緞十疋　　　　　　　　　　　銀仝上

宮紬十疋　　　　　　　　　　　　銀仝上

寧紬十疋　　　　　　　　　　　　銀仝上

片金十疋　　　　　　　　　　　　銀仝上

大紅天綾十疋　　　　　　　　　　銀仝上

大紅秋羅十疋　　　　　　　　　　銀仝上

大紅綾機十疋　　　　　　　　　　銀九錢七分二厘五毫

大紅狀元羅十疋　　　　　　　　　銀仝上

大紅嗶吱緞十疋　　　　　　　　　銀仝上

天紅嗶吱緞十疋　　　　　　　　　銀九錢六分五厘五毫

大紅中綾十疋　　　　　　　銀八錢五分二厘五毫

大紅綠絹十疋　　　　　　　銀仝上

天紅大紬十疋　　　　　　　銀仝上

大紅素紬十疋　　　　　　　銀仝上

一大紅潤機紬十疋　　　　　　銀仝上

墨綠素緞十疋　　　　　　　銀七錢九分五厘

帽緞十疋　　　　　　　　　銀仝上

桃紅紗十疋　　　　　　　　銀仝上

桃紅綢紗十疋　　　銀仝上

大紅中紬十疋　　　銀七錢三分二厘五毫

大紅漢院紬十疋　　銀仝上

大紅山東絹十疋　　銀仝上

大紅雙綠絹十疋　　銀仝上

大紅筍絹十疋　　　銀仝上

桃紅大綾十疋　　　銀仝上

桃紅秋羅十疋　　　銀仝上

桃紅綾機紬十疋　　　　　銀七錢三分二厘五毫

桃紅狀元羅十疋　　　　　銀仝上

小哆囉呢一疋　　　　　　銀七錢二分七厘五毫

各色宋緞十疋　　　　　　銀六錢七分五厘

灰金緞十疋　　　　　　　銀仝上

攎金十疋　　　　　　　　銀仝上

冥緞十疋　　　　　　　　銀仝上

冥雄十疋　　　　　　　　銀仝上

人事錦緞十疋　　　　　　銀仝上

閃緞十疋　　　　　　　　銀仝上

桃紅中綾十疋　　　　　　銀六錢四分二厘五毫

桃紅線絹十疋　　　　　　銀仝上

桃紅大紬十疋　　　　　　銀仝上

桃紅素紬十疋　　　　　　銀仝上

桃紅潤機紬十疋　　　　　銀仝上

紗十疋　　　　　　　　　銀五錢五分五厘

絹紗十疋　　　　　　　　　　銀五錢五分五厘

桃紅中紬十疋　　　　　　　　銀五錢五分二厘五毫

桃紅漢院紬十疋　　　　　　　銀仝上

桃紅山東紬十疋　　　　　　　銀仝上

桃紅雙絲絹十疋　　　　　　　銀仝上

桃紅背絹十疋　　　　　　　　銀仝上

大綵十疋　　　　　　　　　　銀四錢九分二厘五毫

大白綾十疋　　　　　　　　　銀仝上

秋羅十疋　　　　　　　銀仝上

山紬十疋　　　　　　　銀仝上

土紬十疋　　　　　　　銀仝上

綾機紬十疋　　　　　　銀仝上

狀元羅十疋　　　　　　銀仝上

大紅小綾十疋　　　　　銀仝上

天紅小綢十疋　　　　　銀仝上

大紅素綾十疋　　　　　銀仝上

大紅帽綾十疋　　　　　　　銀四錢九分二厘五毫

嗶吱緞一疋　　　　　　　　銀四錢八分二厘五毫

大紅羽毛緞一疋　　　　　　銀全上

中綾十疋　　　　　　　　　銀四錢三分二厘五毫

中白綾十疋　　　　　　　　銀全上

濶機紬十疋　　　　　　　　銀全上

葛絹十疋　　　　　　　　　銀全上

線絹十疋　　　　　　　　　銀全上

葛紗十疋　　　　　銀仝上

大紬十疋　　　　　銀仝上

素紬十疋　　　　　銀仝上

中紬十疋　　　　　銀三錢七分二厘五毫

漢院紬十疋　　　　銀仝上

山東絹十疋　　　　銀仝上

双絲絹十疋　　　　銀仝上

背絹十疋　　　　　銀仝上

畫絹十疋　　　　　　　　　銀三錢七分二厘五毫

大紅棉紬十疋　　　　　　　銀仝上

大紅粉絹十疋　　　　　　　銀仝上

大紅錦紬十疋　　　　　　　銀仝上

桃紅小綾十疋　　　　　　　銀仝上

桃紅小紬十疋　　　　　　　銀仝上

桃紅素紬十疋　　　　　　　銀仝上

桃紅帽綾十疋　　　　　　　銀仝上

酒線緞桌圍十副 大紅五副 銀三錢五分八厘

椅靠坐褥等十副 銀仝上

桃紅綿紬十疋 銀仝上

桃紅粉絹十疋 銀二錢八分二厘五毫

桃紅錦紬十疋 銀仝上

小紬十疋 銀仝上

小綾十疋 銀二錢五分二厘五毫

祿綾十疋 銀仝上

素綾十疋　　　　　　　銀二錢五分二厘五毫

帽綾十疋　　　　　　　銀仝上

大紅神袍絹十疋　　　　銀仝上

大紅卑縣絹十疋　　　　銀仝上

大紅哈嗹絹十疋　　　　銀仝上

羽毛緞十疋　　　　　　銀二錢四分七厘五毫

綿紬十疋　　　　　　　銀一錢九分二厘五毫

屯絹十疋　　　　　　　銀仝上

粉絹十疋　　　　　　　　銀仝上

錦紬十疋　　　　　　　　銀仝上

白絲絹十疋　　　　　　　銀仝上

桃紅神袍絹十疋　　　　　銀仝上

桃紅單線絹十疋　　　　　銀仝上

桃紅哈噠絹十疋　　　　　銀仝上

大紅帽絨一疋　　　　　　銀仝上

大紅璘璐一疋　　　　　　銀一錢八分七厘五毫

 銀仝上

大紅絨褐一疋　　銀一錢四分五厘二毫五絲

桃紅璔蟕一疋　　銀一錢四分二厘二毫

神袍絹十疋　　　銀一錢三分二厘五毫

羅底絹十疋　　　銀仝上

哈嗹絹十疋　　　銀仝上

單絲絹十疋　　　銀仝上

桃紅㲲褐一疋　　銀一錢零九厘二毫五絲

帽絨一疋　　　　銀仝上

青紫絨一疋　　　　　　　　　　銀仝上

瑹璐一疋　　　　　　　　　　　銀仝上

上補子十副　　　　　　　　　　銀九分二厘

戢褐一疋　　　　　　　　　　　銀七分三厘二毫五絲

粧緞十疋蟒緞十疋仝　　　　　　銀六分二厘

線緞套料壹件　　　　　　　　　銀仝上

中補子十副　　　　　　　　　　銀仝上

大紅毛褐一疋　　　　　　　　　銀四分九厘二毫五絲

大紅織絨一疋　　　　　　　　銀四分九厘二毫五絲

桃紅毛褐一疋　　　　　　　　銀三分七厘二毫五絲

桃紅織羢一疋　　　　　　　　銀公上

緞子片金十尺　　　　　　　　銀三分一厘

紗十尺　　　　　　　　　　　銀公上

緞袖口十副　　　　　　　　　銀公上

毛褐一疋　　　　　　　　　　銀二分五厘二毫五絲

織羢一疋　　　　　　　　　　銀公上

冬布門

紅綵布百疋　　　　　銀三兩七錢四分五厘

大紅斜文布百疋　　　銀二兩四錢六分二厘五毫

大紅鎮布百疋　　　　銀仝上

大紅潮布百疋　　　　銀仝上

金綵布百疋　　　　　銀二兩三錢四分五厘

双綵布百疋　　　　　銀二兩二錢二分五厘

綾機布百疋　　　　　銀仝上

大紅大布百疋　　　　　　　銀二兩零八分三厘三毫

桃紅斜文布百疋　　　　　　銀一兩八錢六分二厘五毫

桃紅鎮布百疋　　　　　　　銀仝上

桃紅潮布百疋　　　　　　　銀仝上

桃紅大布百疋　　　　　　　銀一兩五錢五分八厘三毫三絲

大紅平機布百疋　　　　　　銀一兩四錢零三厘三毫

單熟布百疋　　　　　　　　銀一兩三錢二分五厘

大青布百疋．　　　　　　　銀一兩二錢八分八厘三毫三絲

斜文布百疋　　　銀一兩二錢六分二厘五毫

斗文布百疋　　　銀仝上

高麗布百疋　　　銀仝上

崇明布百疋大的　銀仝上

白鎮布百疋　　　銀仝上

帽裡紅布百疋　　銀仝上

苧麻布百疋　　　銀仝上

潮布百疋　　　　銀仝上

爾布百疋　　　　　　　　　　　銀一兩二錢六分二厘五毫

大藍布百疋　　　　　　　　　　銀一兩二錢二分八厘三毫二絲

興布百疋　　　　　　　　　　　銀三錢九分七厘五毫

大白布一百疋　　　　　　　　　銀一兩一錢零八厘三毫三絲

中青布百疋　　　　　　　　　　銀八錢五分五厘六毫二絲五忽

青平机百疋　　　　　　　　　　銀九錢八分八厘三毫三絲

青搭連布百疋　　　　　　　　　銀全上

藍平机布百疋　　　　　　　　　銀九錢二分八厘三毫二絲

藍搭連布百疋　　　銀仝上

桃紅平机布百疋　　銀一兩一錢零八厘三毫三絲

九寸布百疋　　　　銀八錢五分五厘六毫二絲五忽

白平机布百疋　　　銀八錢零八厘毫三三絲

搭連沛百疋　　　　銀仝上

絨花布百疋　　　　銀仝上

大紅毛布百疋　　　銀七錢五分九厘六毫二絲五忽

大紅串布百疋　　　銀仝上

大紅生布百疋　　　　　　　銀七錢五分九厘六毫二絲五忽

大紅標布百疋　　　　　　　銀仝上

大紅紬机布百疋　　　　　　銀仝上

大紅乾机布百疋　　　　　　銀仝上

大紅飛花布百疋　　　　　　銀七錢五分七厘五毫

大紅興布百疋　　　　　　　銀仝上

中白布百疋　　　　　　　　銀六錢六分二毫五厘

小崇明布百疋　　　　　　　銀仝上

桃紅乾机布百疋　銀五錢七分七厘五毫

桃紅紬机布百疋　銀仝上

桃紅飛花布百疋　銀仝上

桃紅興布百疋　銀仝上

銀紅布百疋　銀仝上

桃紅毛布百疋　銀五錢七分三厘六毫三絲三忽

桃紅串布百疋　銀仝上

桃紅生布百疋　銀仝上

桃紅標布百疋 　　銀五錢七分三厘六毫二絲五忽

青藍紬机布百疋 　銀五錢一分七厘五毫

藍乾机布百疋 　　銀全上

大紅粗布百疋、 　銀全上

色串布百疋 　　　銀四錢二分三厘六毫二絲五忽

乾机布百疋 　　　銀三錢九分七厘五毫

印花布百疋 　　　銀全上

飛花布百疋 　　　銀全上

青藍粗布百疋　　銀仝上

紬机布百疋　　　銀仝上

桃紅粗布百疋　　銀仝上

串布百疋　　　　銀仝上

標布百疋　　　　銀三錢八分七厘六毫二絲五忽

白庄布百疋　　　銀仝上

月白布百疋　　　銀仝上

漂布百疋　　　　銀仝上

毛藍布百疋　　銀三錢八分七厘六毫二絲五忽

紫花布百疋　　銀仝上

小串布百疋　　銀三錢天分一厘六毫二絲五忽

布被面百叚　　銀三錢三分七厘五毫

布桌圍百個　　銀仝上

布包袱百個　　銀仝上

白粗布百疋　　銀二錢七分七厘五毫

對布百疋　　　銀仝上

豆腐色百条　　銀二錢零二厘零八絲二忽五微

吉陽布百疋　　銀一錢六分五厘六毫二絲五忽

冷布百疋　　　銀九分零六毫二絲五忽

夏布門

上葛布百疋　　銀三兩零七分五厘

哆囉麻百疋　　銀仝上

大紅大夏布百疋　銀二兩四錢四分

大紅永春布百疋　銀仝上

中葛布百疋　　　　　銀一兩八錢七分五厘

蕉布百疋　　　　　　銀仝上

桃紅大夏布百疋　　　銀一兩八錢四分

桃紅永春布百疋　　　銀仝上

下葛布百疋　　　　　銀一兩二錢七分五厘

大夏布百疋　　　　　銀一兩二錢四分

永春布百疋　　　　　銀仝上

漂羅布百疋　　　　　銀仝上　·

大紅中夏布百疋　　　　　銀仝上

大紅粗羅布百疋　　　　　銀仝上

藍中夏布百疋　　　　　　銀九錢四分

桃紅中夏布百疋　　　　　銀仝上

桃紅粗羅布百疋　　　　　銀仝上

中夏布百疋　　　　　　　銀六錢四分

藍小夏布百疋　　　　　　銀仝上

粗麻布百疋　　　　　　　銀仝上

粗羅布百疋　　　　　　　　銀六錢四分

高麗麻布百疋　　　　　　　銀仝上

大紅小夏布百疋　　　　　　銀仝上

桃紅小夏布百疋　　　　　　銀四錢九分

浜布百疋　　　　　　　　　銀三錢六分七厘五毫

小夏布百疋　　　　　　　　銀三錢四分

青帔帳布百疋　　　　　　　銀仝上

帽神門

帽絡千個　　　　　　　銀六錢二分

籐帽圈萬個　　　　　　銀仝上

皮帽百頂　　　　　　　銀仝上

天紬汗巾百條　　　　　銀仝上

大手帕百條　　　　　　銀仝上

緞帶百條　　　　　　　銀仝上

絲線鞋帶百條　　　　　銀仝上

皮帽沿百副　　　　　　銀三錢一分

度要帽百頂　　　　　　　　　　　銀三錢一分

綾挽袖百双　　　　　　　　　　　銀仝上

各色袖口百双　　　　　　　　　　銀仝上

皮袖口百双　　　　　　　　　　　銀仝上

貂皮袖十双　　　　　　　　　　　銀仝上

小細汗巾百条　　　　　　　　　　銀仝上

次手帕百条　　　　　　　　　　　銀仝上

綵帶百条　　　　　　　　　　　　銀仝上

棉線大帶百条　　　　　　銀仝上

喇嘛帽百個　　　　　　　銀三錢零八厘

女帽套百個　　　　　　　銀仝上

秋帽百頂　　　　　　　　銀仝上

風帽百頂　　　　　　　　銀仝上

雨帽百個　　　　　　　　銀仝上

天布手帕百条　　　　　　銀一錢八分五厘

貂皮領十条　　　　　　　銀一錢五分五厘

皮領百条　　　　　銀一錢五分五厘

絲䑓帶百副　　　　銀仝上

䄄線鞋帶百条　　　銀仝上

毡帽百個　　　　　銀一錢五分四厘

要帽百個　　　　　銀仝上

布帽胎百個　　　　銀仝上

中布手巾百条　　　銀一錢二分五厘

小布手巾百条　　　銀六分二厘

布帽帶萬副　　　　　　　　　銀一錢二分三厘

籘帽千個　　　　　　　　　　銀仝上

緞絨領百朶　　　　　　　　　銀仝上

雲肩領百朶　　　　　　　　　銀仝上

羊皮帽沿百副　　　　　　　　銀一錢二分二厘

羊皮帽百副　　　　　　　　　銀仝上

絨緞帽結千個　　　　　　　　銀仝上

帽月千個　　　　　　　　　　銀仝上

菊花頂千個　　　　　　銀一錢二分二厘

羊皮袖口百双　　　　　　銀公上

草帽千個　　　　　　　　銀一錢一分

涼帽胎百個　　　　　　　銀七分七厘

緞帽襯百個　　　　　　　銀公上

氈帽襯百個　　　　　　　銀五分四厘

貂帽一頂　　　　　　　　銀四分三厘

貂帽一副_沿　　　　　　銀公上

布帽襯百個　　　　　　　銀三分六厘五毫

棉線大帶千条　　　　　　銀仝上

乱綟麻帶百条　　　　　　銀一分八分五毫㳄卜

棉線小帶千条　　　　　　銀仝上

鞋襪門

油靴百双　　　　　　　　銀仝上

布靴百双　　　　　　　　銀一兩二錢三分七厘五毫

毡襪百双　　　　　　　　銀一兩八錢三分七厘五毫

皂靴百双　　　　　銀一兩二錢三分七厘五毫

皮靴百双　　　　　銀仝上

絅浦鞋百双　　　　銀六錢三分七厘五毫

麂浦鞋百双　　　　銀三錢三分七厘五毫

水牛底百斤　　　　銀三錢二分五厘

緞靴十双　　　　　銀二錢四分三厘七毫五絲

蒲鞋帮百双　　　　銀二錢四分一厘五毫

布棉鞋百双　　　　銀二錢三分

布鞋百双　　　　　銀二錢一分四厘

皮鞋百双　　　　　銀仝上

皮木屐百双　　　　銀仝上

緞襪十双　　　　　銀九分二厘

綾襪十双　　　　　銀仝上

紗襪十双　　　　　銀六分二厘

紬襪十双　　　　　銀仝上

麻兒窩十双　　　　銀六分二毫

狗皮襪百斤　　　　　　　銀六分二厘

魚大小百斤　　　　　　　銀仝上

緞鞋十双　　　　　　　　銀三分一厘

布襪十双　　　　　　　　銀仝上

襪底十双　　　　　　　　銀三厘一毫

毡襪十双　　　　　　　　銀三分一厘

結線襪十双　　　　　　　銀仝上

雜糧門

薏苡米百斤　　　　銀七分八厘二毫五絲

芝麻百斤　　　　　銀七分三厘二毫五絲

白面百斤　　　　　銀六分一厘二毫五絲

掛面百斤　　　　　銀仝上

菜子百斤　　　　　銀仝上

黃豆一蒼石　　　　銀二分二厘

豆餅三片　　　　　銀仝上

糯米一石　　　　　銀一分六厘

茶酒門

焗草百斤　　　　　　銀一兩八錢一分二厘五毫

川白臘百斤　　　　　銀九錢九分七厘五毫

焗絲百斤　　　　　　銀九錢零二厘零八絲三忽二微

焗葉百斤　　　　　　銀四錢五分一厘二毫五絲

黃臘百斤　　　　　　銀四錢三分九厘五毫

羅圓曲百塊　　　　　銀二錢五分五厘六毫二絲五忽

糖花油百斤　　　　　銀二錢四分八厘三毫三絲

南酒十罈　　　　銀四錢二分五厘
南糟十罈　　　　銀仝上
醋十罈　　　　　銀仝上
神燭百斤　　　　銀二錢二分四厘三毫三絲
孩兒茶百斤　　　銀二錢一分二厘三毫三絲
大麴百塊　　　　銀一錢九分五厘六毫二絲五忽
青茶百斤　　　　銀一錢八分八厘三毫三絲
武茶百斤　　　　銀仝上

天池茶百斤　　　　銀一錢八分八厘三毫三絲

六安茶百斤　　　　銀仝上

荷包茶百斤　　　　銀仝上

鼻烟十斤　　　　　銀仝上

中麯百塊　　　　　銀一錢三分五厘六毫二絲五忽

黄茶百斤　　　　　銀一錢二分八厘三毫三絲

細茶百斤　　　　　銀一錢三分八厘三毫三絲

蘇油百斤　　　　　銀仝上

　　　　　　　　　銀一錢二分一厘二毫五絲

黄油百斤　銀仝上

羊油百斤　銀六分一厘二毫五絲

蘓合油百斤　銀一錢二分一厘二毫五絲

楮油百斤　銀一錢一分六厘三毫三絲

桐油百斤　銀一錢一分零三毫三絲

菜油百斤　銀仝上

豆油百斤　銀一錢零三厘二絲五忽

穄油百斤　銀仝上

香油百斤　　　　　　　　銀九分一厘二毫五絲

粗茶百斤　　　　　　　　銀八分零三毫三絲

棍茶百斤　　　　　　　　銀仝上

小麵百塊　　　　　　　　銀七分五厘六毫二絲五忽

猪油百斤　　　　　　　　銀六分一厘二毫五絲

羊油燭百斤　　　　　　　銀一錢二分一厘二毫五絲

紅麴百斤　　　　　　　　銀六分六厘二毫五絲

牛油百斤　　　　　　　　銀六分一厘二毫五絲

燒酒百斤　　　　　銀五分一厘二毫五絲

潞酒百斤　　　　　銀三分一厘

包酒十包　　　　　銀一錢二分三厘

紅毛酒十瓶　　　　銀仝上

糖菓門

糖菓百斤　　　　　銀仝上

青絲百斤　　　　　銀仝上

圓肉百斤　　　　　銀三錢六分八厘三毫三絲

橘餅百斤　　　　　　　　　銀三錢六分八厘三毫三絲

蜜餞百斤　　　　　　　　　銀仝上

蜜棗百斤　　　　　　　　　銀仝上

南棗百斤　　　　　　　　　銀仝上

閩薑百斤　　　　　　　　　銀仝上

糖霜百斤　　　　　　　　　銀二錢六分零七毫四絲六忽五微

冰糖百斤　　　　　　　　　銀二錢四分八厘三毫三絲

蜂蜜百斤　　　　　　　　　銀二錢二分二厘七毫五絲

辰仁百斤　　　　　銀仝上

榛仁百斤　　　　　銀仝上

松仁百斤　　　　　銀仝上

白葡萄百斤　　　　銀仝上

玫瑰百斤　　　　　銀二錢一分二厘三毫三絲

白糖百斤　　　　　銀一錢八分八厘三毫三絲

桂花百斤　　　　　銀仝上

面果百斤　　　　　銀仝上

梨干百斤　　　　　　　　　　　　　銀一錢八分八厘三毫二絲

山查糕百斤　　　　　　　　　　　　銀仝上

紅糖百斤　　　　　　　　　　　　　銀一錢二分八厘三毫二絲

佛手百斤　　　　　　　　　　　　　銀仝上

荔枝百斤　　　　　　　　　　　　　銀仝上

桂圓百斤　　　　　　　　　　　　　銀仝上

杏仁百斤　　　　　　　　　　　　　銀仝上

香圓百斤　　　　　　　　　　　　　銀仝上

白果百斤　　　　　　　銀仝上

花生百斤　　　　　　　銀仝上

榛桃仁百斤　　　　　銀一錢二分一厘二毫五絲

斤糖百斤　　　　　　銀仝上

瓜子百斤　　　　　　銀一錢二分零七毫五絲

松子百斤　　　　　　銀仝上

榛子百斤　　　　　　銀仝上

紫葡萄百斤　　　　　銀仝上

橘子百斤　　　　　銀一錢一分零三毫三絲

橄欖百斤　　　　　銀仝上

榧子百斤　　　　　銀仝上

金橘百斤　　　　　銀仝上

藕粉百斤　　　　　銀仝上

蓮子百斤　　　　　銀仝上

藕千枝　　　　　　銀仝上

蘋果百斤　　　　　銀仝上

白棗百斤　　　　　　　　　　銀九分

膠棗百斤　　　　　　　　銀六分一厘二毫五絲

核桃百斤　　　　　　　　　　　銀仝上

栗子百斤　　　　　　　　　　　銀仝上

柿餅百斤　　　　　　　　　　　銀仝上

荸薺百斤　　　　　　　　　　　銀仝上

山裡紅百斤　　　　　　　　　　銀仝上

石榴百斤　　　　　　　　　　　銀仝上

柿霜百斤　　　　　　銀六分一厘二毫五絲

梨百斤　　　　　　　銀仝上

紅棗百斤　　　　　　銀四分三厘二毫五絲

漫米百斤　　　　　　銀四分三厘

沱紅棗百斤　　　　　銀三分七厘二毫五絲

軟棗百斤　　　　　　銀仝上

黑棗百斤　　　　　　銀仝上

菜蔬門

胡椒百斤　　　　　　銀四錢二分八厘三毫三絲

木耳百斤　　　　　　銀四錢二分零七毫五絲

香蕈百斤　　　　　　銀公上

蘑菇百斤　　　　　　銀公上

花椒百斤　　　　　　銀二錢四分八厘三毫三絲

笋香百斤　　　　　　銀公上

麒麟菜百斤　　　　　銀公上

龍鬚菜百斤　　　　　銀公上

紫菜百斤　　　銀二錢四分八厘三毫三絲

海粉百斤　　　銀公上

芦絲百斤　　　銀二錢四分一厘二毫五絲

青笋百斤　　　銀公上

石花菜百斤　　銀公上

羊肚菜百斤　　銀公上

海參百斤　　　銀二錢二分七厘五毫

鹿筋百斤　　　銀公上

魚翅百斤　　　　　　　　　　銀仝上

鮑魚百斤　　　　　　　　　　銀仝上

青螺百斤　　　　　　　　　　銀仝上

鹿角菜百斤　　　　　　銀一錢八分八厘三毫三絲

鼓豆百斤　　　　　　　　　　銀仝上

鮮花菜百斤　　　　　　銀一錢弍分八厘三毫三絲

牛勔百斤　　　　　　銀一錢二分一厘二毫五絲

牛鞭百斤　　　　　　　　　　銀仝上

乳皮百斤　　　　　銀一錢二分一厘二毫五絲

蝦米百斤　　　　　銀一錢零八厘七毫五絲

海蜇百斤　　　　　銀仝上

海虹百斤　　　　　銀仝上

鹿肉干百斤　　　　銀仝上

蕨菜百斤　　　　　銀一錢零二厘七毫五絲

海菜百斤　　　　　銀仝上

金針菜百斤　　　　銀仝上

海魚百斤　　　　　銀九分一厘二毫五絲

麵條魚百斤．　　　銀仝上

銀魚百斤　　　　　銀仝上

青魚百斤　　　　　銀仝上

鰲魚百斤　　　　　銀仝上

小茴香百斤　　　　銀六分六厘二毫五絲

胡蘆條百斤　　　　銀六分二厘零八絲三忽三微

粉條百斤　　　　　銀仝上

生薑一百斤　銀仝上

蒜百斤　銀仝上

燕窩斤　銀六分二厘

熊掌十副　銀仝上

鹿尾十個　銀仝上

天花菜十斤　銀仝上

皮蛋千個　銀仝上

鴨蛋千個　銀仝上

火腿百斤　　　　　　　　　　　　　銀六分一厘二毫五絲

塩肉百斤　　　　　　　　　　　銀仝上

河魚百斤　　　　　　　　　　　銀仝上

魚子百斤　　　　　　　　　　　銀仝上

東魚百斤　　　　　　　　　　　銀仝上

糟魚百斤　　　　　　　　　　　銀仝上

笋干百斤　　　　　　　　　　　銀仝上

山藥百斤　　　　　　　　　　　銀仝上

乳餅百斤　　　　　　　　　　　　　　銀仝上

腐乳十瓶　　　　　　　　　　　　　　銀仝上

小菜十瓶　　　　　　　　　　　　　　銀仝上

塩魚百斤　　　　　　　　　　銀四分八厘七毫五絲

哈叶嗎百斤　　　　　　　　銀四分九厘二毫五絲、

葱百斤　　　　　　　　銀二分二厘零八絲三忽三微

雞蛋千個　　　　　　　　　　　　銀三分一厘

滷蝦百斤　　　　　　　　　　銀二分五厘二毫五絲

螺干百斤　　　　　　銀四分八厘七毫八絲

蟛蟹百斤　　　　　　銀一分九厘二毫五絲

草蝦百斤　　　　　　銀一分三厘二毫五絲

哈干百斤　　　　　　銀一分一厘四毫五絲

蜆干百斤　　　　　　銀仝上

估衣門

洒線緞衣十件大紅五件　銀六錢二分

洒線緞裙十條　　　　銀仝上

緞門帘十個　　　　　銀仝上

毡衣十件　　　　　　銀仝上

線緞衣十件　　　　　銀仝上

皮褲百條　　　　　　銀仝上

狗皮褥百條　　　　　銀仝上

宮衣十件　　　　　　銀仝上

軟硬靠十件　　　　　銀仝上

狐狼皮褥十條　　　　銀仝上

緞面猞狸猻袄一件　　　銀六錢零七厘五毫

紬面猞狸猻袄一件　　　銀五錢八分九厘五毫
新貂一件（秋）

酒線綾帳一頂　　　　　銀五錢五分

大紅緞帳一頂　　　　　銀五錢四分三厘七毫五絲

緞面舊貂袄一件　　　　銀四錢八分七厘五毫

酒線紗衣十件　　　　　銀四錢八分

舊猞狸猻袄一件　　　　銀四錢五分七厘五毫

緞面猞狸猻袄一件　　　銀五錢七分七厘五毫

舊貂皮袄一件　　　　　　　銀四錢五分七厘五毫

酒線緞裙十條　　　　　　　銀三錢一分

儆衣十件　　　　　　　　　銀仝上

幸衣十件　　　　　　　　　銀仝上

紬門帘十個　　　　　　　　銀仝上

緞衣十件　　　　　　　　　銀仝上

羔兜皮袄十件　　　　　　　銀仝上

緞衣料十件　　　　　　　　銀仝上

宮紬衣料十件　　　　　銀三錢一分

洒線紗帳一頂　　　　　銀二錢七分

洒線紗裙褲十件　　　　銀二錢四分

扎花帳面一個　　　　　銀二錢二分一厘二毫五絲

紬棉衣十件　　　　　　銀一錢八分三厘一毫二絲五忽

紗夾衣十件　　　　　　銀仝上

緞綾裙十件　　　　　　銀仝上

薪蟒袍一件　　　　　　銀一錢八分二厘

緞狐猺狼袍褂一件　　　　銀一錢四分

大紅洒花門簾一個　　　　銀一錢三分五厘七毫五絲

紬單衣十件　　　　　　　銀一錢二分三厘一毫二絲五忽

紬裳十條　　　　　　　　銀仝上

紗單衣十件　　　　　　　銀仝上

紗單裙十條　　　　　　　銀仝上

布棉袍套衣十件　　　　　銀仝上

絨衣十件　　　　　　　　銀一錢二分三厘

紬狐猺狼袍褂一件　　　　銀今上

布面猺皮袄一件　　　　　銀一錢一分六厘

緞灰鼠皮袄一件　　　　　銀九分三厘

舊蟒袍一件　　　　　　　銀九分一厘

緞棉衣一件　　　　　　　銀六分二厘

布單衣十件　　　　　　　銀六分一厘五毫六絲二忽五微

緞猫羊皮袄一件　　　　　銀六分一厘

緞織絨袄一件　　　　　　銀五分五厘二毫五絲

大紅洒紗裙一件　　　銀四分三厘

桃紅洒緞裙一件　　　銀四分九厘

緞羊皮平身袄一件　　銀四分五厘四毫

袖羊皮袄一件　　　　銀四分三厘

扎花坎肩一件　　　　銀四分二厘一毫二絲五忽

袖織絨袄一件　　　　銀三分七厘二毫五絲

布羊皮袄一件　　　　銀三分七厘

桃紅洒紗裙一条　　　銀仝上

布單衫褲十件　　　　　　銀三分一厘五毫六絲二忽五微

棉線汗衫十件　　　　　　銀仝上

布織絨袄一件　　　　　　銀三分一厘二毫五絲

狗皮褲十條　　　　　　　銀三分一厘

白羊皮袄一件　　　　　　銀三分零三毫一絲二忽五微

紬羊皮半身袄一件　　　　銀二分七厘五毫

布老羊皮袄一件　　　　　銀二分七厘四毫

布羊皮半身袄一件　　　　銀二分一厘四毫

粉羊皮袄一件　　　　　　　銀二分零七毫一絲二忽五微

大紅緞撣圖一個　　　　　　銀五分七厘九毫

緞撣圖一個　　　　　　　　銀一分二厘四毫

布撣圖十個　　　　　　　　銀三分一厘

　皮貨門

熟羊皮百張　　　　　　　　銀三錢二分

血鹿皮百張　　　　　　　　銀仝上

大羊皮百張　　　　　　　　銀仝上

貂尾百個　　　　　　　　銀全上

熟牛皮百張　　　　　　　銀四兩二錢五分

皂鹿麂皮百張　　　　　　銀一兩九錢二分五厘

牛皮百張生的　　　　　　銀一兩八錢二分五厘

狼皮狼皮百張　　　　　　銀六錢九分三厘七毫五絲

貂皮甬一件　　　　　　　銀五錢七分七厘五毫

猞猁猻豹皮甬各一件　　　銀四錢四分

羊絨百斤　　　　　　　　銀四錢零三厘七毫五絲

銀鼠皮百張　　　　　　　銀三錢八分

黃鼠尾百個　　　　　　　銀三分八厘

狐肷百条　　　　　　　　銀三錢一分

猫獺皮統十件　　　　　　銀仝上

羔羊皮統十件　　　　　　銀仝上

皮袖口百双　　　　　　　銀仝上

猞狸猻豹皮袖十双　　　　銀仝上

狗皮褲百条　　　　　　　銀仝上

黄皮條萬條　　　　　　　　　　　　銀仝上

江獺皮一張　　　　　　　　　　銀三錢零二厘

海獺皮一張　　　　　　　　　　　銀仝上

海豹狗皮各一張　　　　　　　　　　銀仝上

狢皮百張　　　　　　　　　　銀二錢五分五厘二毫五絲

貛皮百張　　　　　　　　銀二錢五分五厘六毫二絲五忽

騾馬驢皮各百張　　　　　　　　　銀二錢二分四厘一

豹皮一張　　　　　　　　　　　銀二錢一分四厘

老羊皮統十件　　　　　　　銀二錢一分四厘

銀鼠皮統一件　　　　　　　銀一錢八分五厘

小花鹿皮百張　　　　　　　銀一錢四分

血羊皮百張　　　　　　　　銀仝上

羊羔皮百張　　　　　　　　銀仝上

血豹皮百張　　　　　　　　銀仝上

擦連皮百張　　　　　　　　銀仝上

斜碌皮百張　　　　　　　　銀仝上

虎皮百張　　　　　　　　　　銀十二兩二錢

大沙魚皮十張　　　　　　　　銀一錢二分二厘

羊皮袖口百双　　　　　　　　銀仝上

狐皮㪯統一件　　　　　　　　銀一錢一分

狼皮統一件　　　　　　　　　銀仝上

狢皮袍統一件　　　　　　　　銀仝上

牛皮套繩百斤　　　　　　　　銀九分一厘二毫五然

襪毛小皮百張　　　　　　　　銀仝上

猫狗皮百張　　　　　　　　　　　　　　銀八分

碎羊皮百斤　　　　　　　　　　　　銀七分八厘二毫五絲

狢毛百斤　　　　　　　　　　　　　銀仝上

羊毛百斤　　　　　　　　　　　　　銀仝上

駱駝毛百斤　　　　　　　　　　　　銀仝上

上等貂皮一張　　　　　　　　　　　銀六分八厘七毫五絲

湯皂皮十張　　　　　　　　　　　　銀六分四厘

猞猁猻一張　　　　　　　　　　　　銀六分二厘

小沙魚皮十張　　　　　　　　　銀仝上

虎尾十個　　　　　　　　　　　　銀仝上

灰鼠統一件　　　　　　　　　　　銀仝上

豹皮袄十件　　　　　　　　　　　銀仝上

狗皮坐褥十個　　　　　　　　　　銀仝上

皮褲十条　　　　　　　　　　　　銀仝上

狐狼皮坐褥一個　　　　　　　　　銀仝上

狢皮坐褥一個　　　　　　　　　　銀仝上

中等貂皮一張　　　　　　銀五分零七毫五絲

下等貂皮一張　　　　　　銀三分八厘七毫五絲

退毛羊皮十張　　　　　　銀三分二厘

水刷毛百斤　　　　　　　銀三分一厘二毫五絲

蛇皮十張　　　　　　　　銀二分一厘

水獺皮十張　　　　　　　銀二分

黄鼠皮十張　　　　　　　銀全上

騷皮十張　　　　　　　　銀全上

灰鼠皮十張　　　　　　　　銀仝上

銀鼠尾百個　　　　　　　　銀仝上

灰鼠尾百個　　　　　　　　銀仝上

羊皮牛身袄一件　　　　　銀一分五厘四毫

　獐鹿門

熊一隻　　　　　　　　　銀六分二厘

野猪一口　　　　　　　　銀仝上

熊掌十副　　　　　　　　銀仝上　下

鹿尾十個　　　　　　　銀六分二厘

熊脛十副　　　　　　　銀仝上

牛一隻　　　　　　　　銀三分一厘

豬一口　　　　　　　　銀仝上

鵝十隻　　　　　　　　銀仝上

鹿一隻　　　　　　　　銀二分四厘

羊一隻　　　　　　　　銀一分一厘

兔棗個　　　　　　　　銀一厘一毫

雞十隻　　　　　　　　銀一分一厘

鴨十隻　　　　　　　　銀仝上

獐一隻　　　　　　　　銀一分

狍一隻　　　　　　　　銀仝上

　藥料門

沉香百斤　　　　　　　銀二兩一錢四分丁

騰黃百斤　　　　　　　銀一兩八錢零六厘二毫五絲

洋青百斤　　　　　　　銀一兩六錢二分六厘二毫五絲

大青百斤　　　　銀一兩三錢六分

中青百斤　　　　銀全上

水銀百斤　　　　銀一兩三錢五分七厘五毫

銀硃百斤　　　　銀一兩二錢七分五厘

檀香百斤　　　　銀一兩一錢二分

速香百斤　　　　銀全上

乳香百斤　　　　銀一兩零二分六厘二毫五絲

沒藥百斤　　　　銀全上

芸香百斤　　　　　　　　銀六錢六分二厘五絲

一薄荷干斤　　　　　　　銀仝上

川貝母百斤　　　　　　　銀六錢零六厘二毫五絲

紅花百斤　　　　　　　　銀仝上

黃連百斤　　　　　　　　銀仝上

肉桂百斤　　　　　　　　銀仝上

雜販香料百斤　　　　　　銀仝上

冰片一斤　　　　　　　　銀仝上

人參一斤　　　　　　　銀六錢零二厘

廣木香百斤　　　　　　銀四錢二分六厘二毫五絲

丁香百斤　　　　　　　銀仝上

三七百斤　　　　　　　銀仝上

藕木百斤　　　　　　　銀四錢二分零七毫五絲

油胭脂百斤　　　　　　銀四錢一分二厘

銅綠百斤　　　　　　　銀四錢零八厘二毫五絲

大綠百斤　　　　　　　銀仝上

銅青百斤　　　　　銀仝上

硼砂百斤　　　　　銀仝上

顔料百斤　　　　　銀仝上

輕粉百斤　　　　　銀三錢零八厘

靛花百斤　　　　　銀三錢零六厘二毫五絲

泡丁百斤　　　　　銀三錢零一厘

五味子百斤　　　　銀二錢四分六厘二毫五絲

枹杞百斤　　　　　銀仝上

獐潮腦百斤　　　　　　　銀仝上

人言百斤　　　　　　　　銀仝上

鹿角膠百斤　　　　　　　銀二錢二分二厘七毫五絲

魚膠百斤　　　　　　　　銀仝上

面鹹百斤　　　　　　　　銀二錢一分六厘五毫

砂仁百斤　　　　　　　　銀二錢一分零二毫五絲

豆蔻百斤　　　　　　　　銀仝上

附子百斤　　　　　　　　銀一錢八分六厘二毫五絲

香附百斤　　　　　銀全上

石黃百斤　　　　　銀全上

燈心百斤　　　　　銀全上

通草百斤　　　　　銀全上

坑砂百斤　　　　　銀全上

黃言百斤　　　　　銀全上

潦硃百斤　　　　　銀全上

象牙百斤　　　　　銀一錢六分

参鬚一斤　　　銀一錢五分零五毫

南藥材百斤　　銀一錢五分零二毫五絲

馬牙香斤　　　銀仝上

梹榔百斤　　　銀仝上

茯苓百斤　　　銀仝上

桂皮百斤　　　銀仝上

麥門冬百斤　　銀仝上

紫藕百斤　　　銀仝上

丸散百斤　　　　　　　　銀仝上

膏藥百斤　　　　　　　　銀仝上

苓苓香百斤　　　　　　　銀仝上

莪术百斤　　　　　　　　銀仝上

甘草百斤　　　　　銀一錢二分六厘三毫五絲

防風百斤　　　　　　　　銀仝上

細辛百斤　　　　　　　　銀仝上

陳皮百斤　　　　　　　　銀仝上

乾薑百斤　　　　　銀仝上

槐子百斤　　　　　銀仝上

烏梅百斤　　　　　銀仝上

姜黃百斤　　　　　銀仝上

良薑百斤　　　　　銀仝上

梔子百斤　　　　　銀仝上

炮薑百斤　　　　　銀仝上

雄黃百斤　　　　　銀仝上

虎骨一副　　　　　　銀一錢二分二厘

鹿角百斤　　　　　　銀一錢二分零七毫五絲

土城百斤　　　　　　銀一分一厘四毫五絲

硃砂十斤　　　　　　銀一錢零九厘五毫

脂餅千元　　　　　　銀一錢零五厘

石膏百斤　　　　　　銀七分八厘二毫五絲

粗藥材百斤　　　　　銀仝上

五加皮百斤　　　　　銀仝上十

牛蒡子百斤　　　　　　　　　　　　　　銀仝上

石耳百斤　　　　　　　　　　　　　　　銀仝上

桔梗百斤　　　　　　　　　　　　　　　銀仝上

麻黄百斤　　　　　　　　　　　　　　　銀仝上

紫胡百斤　　　　　　　　　　　　　　　銀仝上

赤芍百斤　　　　　　　　　　　　　　　銀仝上

黄藥百斤　　　　　　　　　　　　　　　銀仝上

草烏百斤　　　　　　　　　　　　　　　銀仝上

蒼术百斤　　　　　　　　銀仝上

沙參百斤　　　　　　　　銀仝上

五倍子百斤　　　　　　銀六分六厘二毫五然

柴草百斤　　　　　　　　銀仝上

土草百斤　　　　　　　　銀仝上

官粉百斤　　　　　　　　銀仝上

黃丹百斤　　　　　　　　銀仝上

干靛百斤　　　　銀六分二厘零八然三忽三微

鹿茸十副　　　　　　銀六分二厘

川山甲十副　　　　　銀仝上

虎骨膠十斤　　　　　銀仝上

虎脛十副　　　　　　銀仝上

熊脛十副　　　　　　銀仝上

水膠百斤　　　　　　銀六分一厘二毫五絲

鬷子百斤　　　　　　銀仝上

麝香一斤　　　　　　銀仝上

松脂朋百斤　　　　　銀仝上

硫黃百斤　　　　　　銀四分九厘二毫五絲

白皂礬百斤　　　　　銀四分二厘二毫八絲三忽三微

秋樹皮百斤　　　　　銀三分一厘二毫五絲

橡碗百斤　　　　　　銀仝上

桃皮百斤　　　　　　銀仝上

青樹皮百斤　　　　　銀仝上

木蘭牙百斤　　　　　銀仝上

樺樹皮百斤　　　　銀仝上

皂角百斤　　　　　銀仝上

山茶百斤　　　　　銀仝上

毛角十副　　　　　銀仝上

琥珀一兩　　　　　銀三分一厘

榆樹皮百斤　　　　銀仝上

黄木百斤　　　　　銀仝上

草香百斤　　　　　銀仝上

玉玩門

玳瑁百斤　　　　　　　　　　　銀一兩一錢二分

水晶百斤　　　　　　　　　　銀一兩零五分七厘五毫

珊瑚百斤　　　　　　　　銀十兩零五錢七分五毫

玉如意一件　　　　　　　　　　　　銀八錢

鑲玉如意一件　　　　　　　　　　銀四錢八分

一尺玉器一件　　　　　　　　　　　銀仝上

玻璃碎器百個　　　　　　　　　　　銀仝上

自鳴鐘一架　　　　銀仝上

大玻璃鏡一架　　　銀仝上

玉爐璟一件　　　　銀二錢四分二厘五毫

六寸玉器一件　　　銀二錢四分

香朝珠一掛　　　　銀一錢二分二厘

三寸玉器一件　　　銀一錢二分

古銅器一件　　　　銀仝上

古磁器一件　　　　銀仝上

朝珠一掛　　　　　　　　　　　　　銀六分二厘

香珠一掛　　　　　　　　　　　　　銀仝上

大要貨一件表鐘仝　　　　　　　　　銀六分

絹畫一軸　　　　　　　　　　　　　銀三分一分

中要貨一件　　　　　　　　　　　　銀三分

象牙一斤　　　　　　　　　　　　　銀一分五厘三毫七絲五忽

小要貨一件　　　　　　　　　　　　銀一分五厘

琴一張　　　　　　　　　　　　　　銀一分二厘二毫

紙筆門

南紅紙百刀　　　　　　銀二兩四錢三分一厘二毫五絲

木紅紙百刀　　　　　　銀七兩二錢三分一厘二毫五絲

川連紙百簍　　　　　　銀七錢六分

甲紙百塊　　　　　　　銀六錢二分

海紙百塊　　　　　　　銀仝上

上墨百斤　　　　　　　銀仝上

沙綠紙百刀　　　　　　銀仝上

錫箔十五萬張　外每下萬　銀六錢零八毫三絲

西紙百刀　銀六錢零二厘

山西毛頭紙百刀　銀仝上

青紅紙百刀　銀四錢二分一厘二毫五絲

西青紙百刀　銀仝上

白露紙百刀　銀三錢零五厘

假西紙百刀　銀三錢零一厘二毫五絲

榜紙千張　銀二錢四分一厘二毫五絲

大桑皮紙百刀　　　　　銀二錢一分七厘二毫五絲

亂紙千斤　　　　　　　銀一錢九分二厘五毫

中桑皮紙百刀　　　　　銀一錢四分五厘二毫五絲

禮書百副　　　　　　　銀一錢四分四厘三毫一絲二忽五微

下箋紙萬張　　　　　　銀一錢二分二厘

南箋千支　　　　　　　銀仝上

毛邊紙千張　　　　　　銀一錢二分一厘二毫五絲

小土紙百塊　　　　　　銀仝上

扛連紙十簍　　　　　　銀九分二厘

紅全帖百扣　　　　　　銀七分五厘

小桑皮紙百刀　　　　　銀七分三厘二毫五絲

包裹紙百刀　　　　　　銀仝上

大硯百觔　　　　　　　銀六分二厘

金開福字百個　　　　　銀仝上

大賬本百本　　　　　　銀仝工

副啟百個　　　　　　　銀仝上

護封千個　　　　　　　　銀仝上

水筆千支　　　　　　　　銀仝上

新草帖千個　　　　　　　銀仝上

白封套千個　　　　　　　銀仝上

冥衣紙萬張　　　　　　　銀仝上

倘紅紙萬張　　　　　　　銀仝上

上箋紙千張　　　　　　　銀六分一厘

赤金一具計千張　　　　　銀仝上

古連紙十婁　　　　　　　　　銀仝上

印刷紙十婁　　　　　　　　　銀仝上

五色紙百刀　　　　　　　　　銀四分六厘二毫五絲

各色燈花紙百刀　　　　　　　銀仝上

中墨十斤　　　　　　　　　　銀四分四厘

漳金百張　　　　　　　　　　銀三分七厘二毫五絲

連四紙十刀 計千張　　　　　銀三分七厘

烏金紙千張　　　　　　　　　銀仝上

漆金千張

紅古摺百個　　　　　　　銀三分七厘

花箋紙一塊　計千張　　　銀三分六厘二毫

緞摺紙一塊　　　　　　　銀三分一厘

灰平紙一塊　　　　　　　銀仝上

草紙十塊　　　　　　　　銀仝上

黃表紙千張　　　　　　　銀仝上

天呈文紙千張　　　　　　銀仝上

　　　　　　　　　　　　銀仝上

油紙千張　　　　　　　　　　　銀仝上

信封千個　　　　　　　　　　　銀仝上

大京摺百個　　　　　　　　　　銀仝上

小硯百塊　　　　　　　　　　　銀仝上

小賬本百本　　　　　　　　　　銀仝上

油紅紙萬張　　　　　　　　　　銀仝上

高麗紙千張　　　　　　　　　　銀仝上

曹黃紙千張　　　　　　　　　　銀仝上

羊皮金十張

下墨十斤

帖張一担 計九十六束

小京摺百個

白金東百加

白古摺百個

紅封套百個

本金銀一具計一千張

　　　　　銀三分一厘

　　　　　銀二分六厘

　　　　　銀一分八厘五毫

　　　　　銀一分五厘五毫

　　　　　銀一分二厘三毫

　　　　　銀仝上

　　　　　銀仝上

　　　　　銀仝上

　　　　　銀一分二厘二毫

白單帖千個　　　　　　　　　　　銀仝上

分水紙千張　　　　　　　　　　　銀一分一厘

　褙貨門

珐瑯百斤　　　　　　　　銀一兩六錢二分六厘二毫五絲

孔雀尾十斤　　　　　　　銀一兩五錢五分

軸畫百幅　　　　　　　　銀仝上

馬尾百斤　　　　　　銀一兩二錢一分二厘五毫

馬尾貨百斤　　　　銀仝上

馬綜百斤　　　　　銀七錢八分七厘五毫

色頭百連　　　　　銀五錢二分七厘五毫

藤簟百領　　　　　銀五錢

翠花百朵　　　　　銀二錢零九厘

翠毛百鋪　　　　　銀四錢二分

壽山石百斤　　　　銀三錢三分七厘五毫

圖書石百斤　　　　銀全上

大羊角燈十盞　　　銀二錢九分

大紗燈十盞　　　　　　　　　銀仝上

羅鏡百個　　　　　　　　　銀二錢二分

翠色頭百個　　　　　　　銀二錢零五厘

琴絃百條　　　　　　　　　　銀二錢

中羊角燈十盞　　　　　　　銀一錢七分

中紗燈十盞　　　　　　　　　銀仝上

馬刷千把　　　　　　　　銀一錢五分五厘

油紙扇千把　　　　　　　　銀一錢四分

紙鬆醫千個　　　　　　　銀一錢二分三厘

班鼓十面　　　　　　　　銀一錢二分二厘

唱板百副　　　　　　　　銀全上

竹笛百枝　　　　　　　　銀全上

要貨百斤　　　　　　　　銀一錢三分一厘二毫五絲

草紙包萬個　　　　　　　銀全上

骨貨百斤　　　　　　　　銀全上

細硫磺貨百斤　　　　　　銀全上

牛角百斤　　　　　銀仝上

牛角貨百斤　　　　銀仝上

舊毛繩百斤　　　　銀仝上

小羊角燈十盞　　　銀一錢一分

小紗燈十盞　　　　銀仝上

斁匣十個　　　　　銀九分二厘

通草花千枝　　　　銀七分四厘

供花百枝　　　　　銀仝上

小搭連百個　　　　　　　　銀七分三厘

帟薕百領　　　　　　　　　銀七分二厘五毫

常篖百個　　　　　　　　　銀仝上

絃子十張　　　　　　　　　銀六分二厘

眼鏡十個　　　　　　　　　銀仝上

玻瓈鏡十面　　　　　　　　銀仝上

風鏡十個　　　　　　　　　銀仝上

皮匣十個　　　　　　　　　銀仝上

大香袋十個　　　　　　　銀仝上

香料十斤　　　　　　　　銀仝上

鏡匣十個　　　　　　　　銀仝上

秧歌鼓十面　　　　　　　銀仝上

筆筒百個　　　　　　　　銀仝上

筆架百個　　　　　　　　銀仝上

香筒百個　　　　　　　　銀仝上

香爐百個　　　　　　　　銀仝上

頭髮百斤　　　　　　　　銀六分二厘

頭鈿百個　　　　　　　　銀仝上

紗風鏡百個　　　　　　　銀仝上

高麗扇百把　　　　　　　銀仝上

上川扇百把　　　　　　　銀仝上

大羊腸絃百條　　　　　　銀仝上

燭心萬枝　　　　　　　　銀仝上

抿子千把　　　　　　　　銀仝上

緞傘一把　　　　　　　　　　　銀仝上

緞平口荷包百個　　　　　　　　銀仝上

毡平口荷包百個　　　　　　　　銀仝上

緞椅墊十個　　　　　　　　　　銀仝上

緞膝褲十雙　　　　　　　　　　銀仝上

緞帶環百個　　　　　　　　　　銀仝上

硝石貨十斤　　　　　　　　　　銀仝上

弓弦百條　　　　　　　　　　　銀仝上

圍屏一架 緞加倍

籐絲百斤　　　　　銀六分二厘

萵草百斤　　　　　銀六分一厘二毫五絲

松香百斤　　　　　銀仝上

松香貨十斤　　　　銀仝上

松煙百斤　　　　　銀仝上

雁卜翎百斤　　　　銀仝上

腠子百斤　　　　　銀仝上

　　　　　　　　　銀仝上

樹棍百斤　銀五分

京香百斤　銀四分二厘零五絲

紙花千枝　銀三分七厘

大紙畫百張　銀仝上

大塔連十個　銀三分六厘五毫

扇面千張　銀仝上

中川扇百張　銀三分二厘

紹興扇百把　銀仝上

扇骨千把　　　　　　　　　　銀三分二厘

肥皂百斤　　　　　　　　　　銀三分一厘二毫五然

臭角百斤　　　　　　　　　　銀仝上

小香袋十個　　　　　　　　　銀三分一厘

鏡袋十個　　　　　　　　　　銀仝上

草珍汗衫十件　　　　　　　　銀仝上

山藺十斤　　　　　　　　　　銀仝上

銅帶環十個　　　　　　　　　銀仝上

皮帶環百個　　　　銀仝上

太平鼓十面　　　　銀仝上

紙匣十個　　　　　銀仝上

書匣十個　　　　　銀仝上

籐枕十個　　　　　銀仝上

草楊藝十個　　　　銀仝上

小羊腸弦百條　　　銀仝上

火紙筒百個　　　　銀仝上

洋石百塊　　　　　　　　　　　　　　　銀仝上

剃頭担一副　小家伙十副仝銀仝上

帽刷百把　　　　　　　　　　　　　　銀仝上

安息香千枝　　　　　　　　　　　　銀仝上

癬炮十斤　　　　　　　　　　　　　銀仝上

投壺箭千枝　　　　　　　　　　　銀仝上

布椅墊十個　　　　　　　　　　　銀仝上

絹膝袴十雙　　　　　　　　　　銀仝上

裙月十副　　　　　　　　銀仝上

枕頂十副　　　　　　　　銀仝上

雲肩十個　　　　　　　　銀仝上

紬觉肚十個　　　　　　　銀仝上

布平匀荷包百個　　　　　銀仝上

皮平匀荷包百個　　　　　銀仝上

絹畫一軸　　　　　　　　銀仝上

錢繩萬條　　　　　　　　銀仝上

粽菓百斤　　　　　　　銀二分一厘六毫五絲

絨花千枝　　　　　　　銀二分一厘四毫

极套十個　　　　　　　銀二分零九毫

擦床十個　　　　　　　銀二厘

中搭連十個　　　　　　銀一分八厘五毫

皮搭連十個　　　　　　銀仝上

棉線口袋十條　　　　　銀仝上

小紙畫百張　　　　　　銀仝上

布兜肚十個　　　　　銀一分五厘五毫

布枕頂十副　　　　　銀全上

皮箱一隻　　　　　　銀一分三厘

巨羅百個　　　　　　銀一分二厘

草花千枝　　　　　　銀一分零五毫

擂箕百個　　　　　　銀六厘

　　絲棉門

絲蔴線百斤　　　　　銀九錢九分三厘七毫五絲

舊討纓子百斤　　　　　　　　銀六錢二分五厘

金綫十斤　　　　　　　　　　銀五錢五分

纓子十斤　　　　　　　　　　銀五錢

湿水纓十斤　　　　　　　　　銀二錢五分

綵綫十斤　　　　　　　　　　銀一錢八分九厘三亳七絲五忽

蠒綫十斤　　　　　　　　　　銀仝上

絨綫十斤　　　　　　　　　　銀仝上

綵綫貨十斤　　　　　　　　　銀仝上

棉花百斤　　　　　　　　銀一錢五分二厘五毫

苧麻線百斤　　　　　　　銀一錢四分六厘五毫

苧麻百斤　　　　　　　　銀仝上

白絲十斤　　　　　　　　銀一錢二分九厘三毫七絲五忽

白綿十斤　　　　　　　　銀一錢二分二厘

黃絲十斤　　　　　　　　銀一錢一分一厘三毫七絲五忽

棉花肉百斤　　　　　　　銀九分零七毫五絲

好麻百斤　　　　　　　　銀七分二厘五毫

好麻貨百斤、　　　　　　　銀七分二厘五毫

子棉百斤　　　　　　　　　銀三分八厘一毫二絲五忽

舊的棉百斤　　　　　　　　銀全上

棉線十斤　　　　　　　　　銀二分四厘二毫五絲

紅頭繩十斤　　　　　　　　銀全上

棉線貨十斤　　　　　　　　銀全上

纂麻百斤　　　　　　　　　銀全上

纂麻線百斤　　　　　　　　銀全上

氈毯門

大毯十條　　　　　銀一兩二錢二分

羊毛花毯十條　　　銀六錢二分

紅毬十條　　　　　銀仝上

中毬十條　　　　　銀仝上

羢毬毯十條　　　　銀仝上

紅中毬十條　　　　銀仝上

線毬十條　　　　　銀四錢三分二厘五毫

小毡十條　　　　　　銀三錢一分

雜毛小毡十條　　　　銀仝上

帀小毡十條　　　　　銀仝上

棕毯十條　　　　　　銀六分五分

毡包十個　　　　　　銀四分六厘

銅鉄門

料鍋百口　　　　　　銀三兩一錢

銅線百斤　　　　　　銀一兩八錢二分三厘

白銅條匙百斤　　　　銀一兩二錢二分三厘

哨吶百枝　　　　　　銀仝上

大鍋百口　　　　　　銀一兩二錢二分

天火盆百個　　　　　銀仝上

針百斤　　　　　　　銀一兩二錢零厘二毫五絲

白銅百斤　　　　　　銀七錢四分三厘

銅罷百斤　　　　　　銀六錢二分三厘

扣子百斤　　　　　　銀仝上

響銅百斤　　　　　　　　　　　　　　　　　銀仝上

鈇絲百斤　　　　　　　　　　　　　　　　銀四錢八分一厘二毫五絲

紅銅百斤　　　　　　　　　　　　　　　銀四錢二分五厘

黃銅百斤　　　　　　　　　　　　　　銀仝上

廢銅百斤　　　　　　　　　　　　　銀仝上

水錫百斤　　　　　　　　　　　　銀仝上

錫器百斤　　　　　　　　　　　銀三錢二分三厘

小鍋百口　　　　　　　　　　銀三錢一分

小刀百杷　　　　　　　　　　　　　銀仝上

鋸百條　　　　　　　　　　　　　　銀仝上

小火盆百個　　　　　　　　　　　　銀仝上

剪子百斤　　　　　　　　　　　　　銀二錢四分一厘二毫五絲

剃頭刀百斤　　　　　　　　　　　　銀仝上

鉄鍬百張　　　　　　　　　　　　　銀二錢零六厘

熟鉄琵百斤　　　　　　　　　　　　銀一錢八分一厘二毫五絲

鉄鎖百斤　　　　　　　　　　　　　銀仝上

次小鍋百口　　　　　銀一錢五分五厘

陵元百斤　　　　　銀一錢二分二厘八絲三忽三微

分幕雛千個　　　　銀一錢二分二厘

雛子千個　　　　　銀全上

鍼雛杷千個　　　　銀全上

釘子百斤　　　　　銀一錢二分一厘二毫五絲

銅炯裘百枝　　　　銀七分

鉛百斤　　　　　銀六分二厘零八絲三忽三微

墨鉛百斤　　　　　　銀仝上

火鐮百把　　　　　　銀六分三厘

中火盆十個　　　　　銀仝上

中鍋十口　　　　　　銀仝上

生鐵羅百斤　　　　　銀六分一厘二毫五絲

針條鋼百斤　　　　　銀仝上

廢鐵百斤　　　　　　銀四分一厘四毫五絲

生鐵百斤　　　　　　銀仝上

磁琵門

細磁琵百枝　　　　　　　　銀九錢九分一厘二毫五絲

磁琵百枝　　　　　　　　　銀六錢三分一厘二毫五絲

土磁缸一車　　　　　　　　銀一錢三分八厘七毫五絲

土磁琵千個　　　　　　　　銀一錢三分二厘五毫

銀罐千個　　　　　　　　　銀仝上

洋碗百付　　　　　　　　　銀一錢二分三厘一毫二絲五忽

磁人物百個　　　　　　　　銀仝上

大磁瓶十個　　　　　銀一錢二分二厘

綠磁花盆十個　　　　銀七分四厘

磁花瓶十個　　　　　銀六分二厘

小磁盆十個　　　　　銀仝上

酒鐘百個　　　　　　銀仝上

熨匙百個　　　　　　銀一分二厘二毫

木罷門　　　　　　　銀仝上

花梨木梳匣一個　　　銀一錢五分

花梨鏡架一個　　　　　　　銀一錢四分五厘

天平十架　　　　　　　　　銀一錢三分

水箱十隻　　　　　　　　　銀仝上

捧盒百個　　　　　　　　　銀仝上

木貨百斤　　　　　　　　　銀一錢二分一厘二毫五絲

真烏木烟杆百枝　　　　　　銀六分二厘

真烏木烟筷千雙　　　　　　銀仝上

花梨木百斤　　　　　　　　銀六分二厘二毫五絲

烏木百斤　　　　　　　銀公上

假烏木焗枓百枝　　　　銀三分一厘

假烏木筷千双　　　　　銀公上

戥子十把　　　　　　　銀公上

筭盤十面　　　　　　　銀公上

木匣十個　　　　　　　銀公上

木魚十個　　　　　　　銀公上

木碗十個　　　　　　　銀三厘一毫

紅木鏡架一個

木盆一個　　　　　　銀二分四厘

木桶一個　　　　　　銀一分二厘四毫

木焗杆百枝　　　　　銀全上

橦杆百枝　　　　　　銀一分二厘二毫

木雛把百把　　　　　銀六厘一毫

竹漆門　　　　　　　銀全上

熟漆百斤　　　　　　銀九錢九分七厘五毫

生漆百斤　　　　　　　銀四錢二分八厘三毫三絲

竹祓罩百個　　　　　　銀二錢零八厘

竹簾百掛　　　　　　　銀仝上

竹篩百個　　　　　　　銀仝上

雨傘百把　　　　　　　銀仝上

蒲蓆百領　　　　　　　銀仝上

涼蓆百領　　　　　　　銀仝上

梳子千件　　　　　　　銀一錢五分三厘一毫二絲五忽

梳攏千件　　　　　　　　　銀一錢二分三厘

漆木盆十個　　　　　　　　銀一錢二分二厘

竹焗杆千枝　　　　　　　　銀仝上

漆鏡架十個　　　　　　　　銀仝上

漆坐桶十個　　　　　　　　銀仝上

竹掃把千把　　　　　　　　銀一錢零五厘

竹筷萬双　　　　　　　　　銀仝上

櫳子千件　　　　　　　　　銀九分三厘一毫二𢇁五忽

漆拜匣十個　　　　　　　銀九分一厘二毫五然

筆管萬枝　　　　　　　　銀八分六厘

漆茶盤百塊　　　　　　　銀八分二厘

漆方盤百塊　　　　　　　銀仝上

漆木碗百個　　　　　　　銀六分二厘

漆木盤百塊　　　　　　　銀仝上

漆竹火筒百個　　　　　　銀仝上

竹笐子百個　　　　　　　銀四分二厘棗七然五忽

蓖子千張　　　　　　　　　　　銀四分

竹箱子十個　　　　　　　　　　銀三分四厘

竹簍子十個　　　　　　　　　　銀仝上

竹椅子十張　　　　　　　　　　銀三分一厘

漆春盛十個　　　　　　　　　　銀仝上

竹火筒百個　　　　　　　　　　銀仝上

蔑篾十斤　　　　　　　　　　　銀二厘一毫六然五忽

捧盒十個　　　　　　　　　　　銀一分三厘

弓鞍門

氈䩞百塊　　　　　　　　　　　　　　銀一兩五錢一分二厘五毫

氈屜百塊　　　　　　　　　　　　　　銀仝上

氈套坐百塊　　　　　　　　　　　　　銀仝上

琉璃坐百塊　　　　　　　　　　　　　銀仝上

緞套坐百塊　　　　　　　　　　　　　銀仝上

琉璃事件百付　　　　　　　　　　　　銀仝上

鍼銀事件百付　　　　　　　　　　　　銀仝上

銅鉄靴百副　　　　　　　銀一兩五錢一分二厘五毫

秋鶻翎百斤　　　　　　　銀一兩二錢一分二厘五毫

棉線靮轡百副　　　　　　銀七錢七分

鞍板百面　　　　　　　　銀七錢六分二厘五毫

弓百張　　　　　　　　　銀六錢二分

鍍金鞦轡十副　　　　　　銀仝上

腸胷百副　　　　　　　　銀仝上

鎧百副　　　　　　　　　銀仝上

皮靴百隻　　　　　　　　銀四錢一分四厘五毫

布靴百隻　　　　　　　　銀仝上

稜靴百隻　　　　　　　　銀仝上

布靴百隻　　　　　　　　銀仝上

皮靴百隻　　　　　　　　銀仝上

皮套坐百隻　　　　　　　銀仝上

布套坐百隻　　　　　　　銀仝上

撒袋十副　　　　　　　　銀二錢一分

碎氆氇百塊　　　　　銀一錢二分六厘二毫五絲

牛皮套繩百斤　　　　銀九分一厘二毫五絲

皮搭腰百副　　　　　銀六分二厘

肚帶千條　　　　　　銀仝上

皮巴掌百個　　　　　銀仝上

皮靿葫蘆百個　　　　銀仝上

坐褥十個　　　　　　銀仝上

皮托十個　　　　　　銀仝上

布鞦百副　　　　銀四分二厘二毫

油貼十副　　　　銀四分零三毫二絲五忽

箭杆干枝　　　　銀三分一厘

黄皮條干條　　　銀仝上

鍼銀鞦嚼一付　　銀仝上

鍍金鞦嚼一付　　銀仝上

鐙磨十副　　　　銀仝上

鞭子百根　　　　銀仝上

套包百個　　　　　　　　銀仝上

皮夾斗百個　　　　　　　銀仝上

鐙皮十副　　　　　　　　銀二分五厘

鞭稍百條　　　　　　　　銀二分四厘

皮稍繩百副　　　　　　　銀一分三厘

偏韁百條　　　　　　　　銀仝上

馬鞦查一十副　　　　　　銀一分二厘二毫

木料各色量法

每料稅銀一分二厘

木板七十寸　　　　　一料

車軸一件　　　　　　一料

車輞四件　　　　　　一料

檁子　　　　　　　　二料

改板　　　　　　　　二料

墚板　　　　　　　　三料

改木　　　　　　　　四料

油松　　　　一料五分

連方　　　　四料

床板　　　　四料七分

山柱　　　　六料

過梁　　　　八料

旗杆　　　　十二料

竹木牌筏　每甲

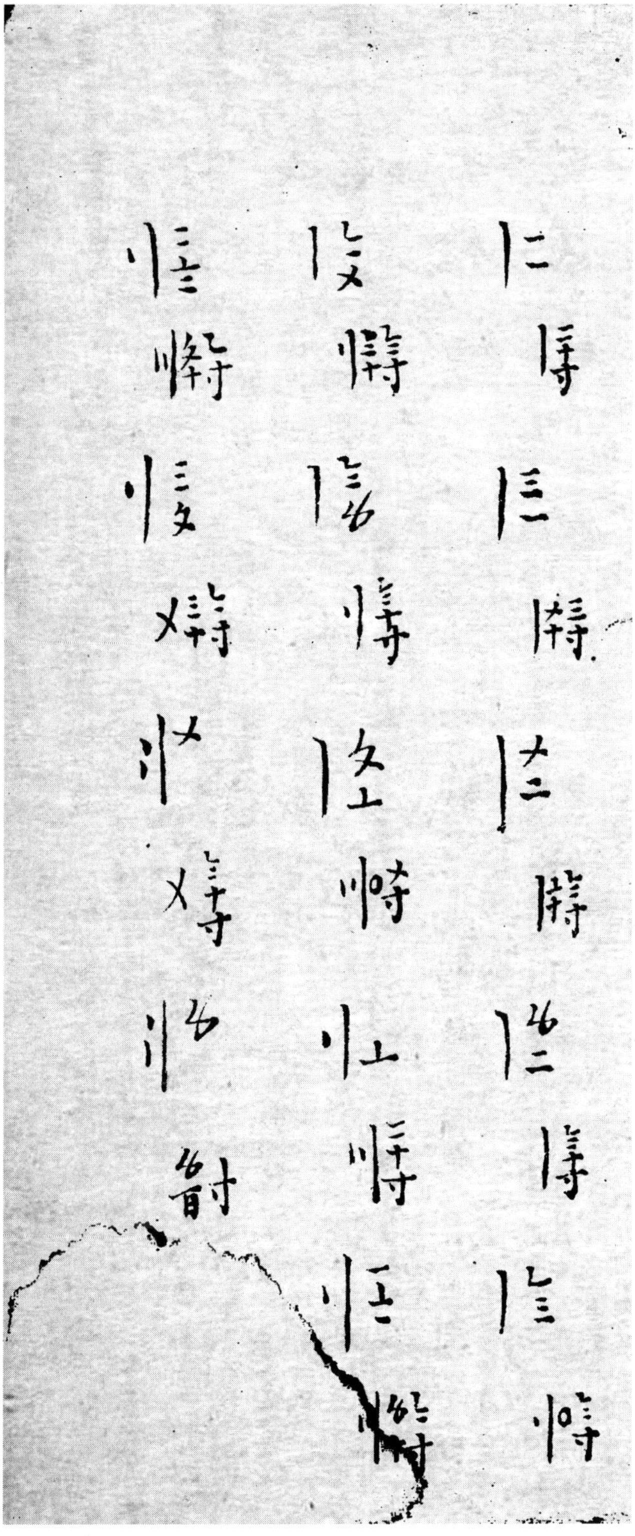

樑頭連加艙船料

五尺　　　　銀二兩零九分二厘

六尺　　　　銀二兩一錢五分九厘

七尺　　　　銀二兩二錢二分九厘

八尺　　　　銀三兩二錢八分七厘

九尺　　　　銀二兩四錢二分一厘

一丈　　　　銀二兩九錢八分六厘

丈一　　　　銀三兩一錢四分六厘

丈二　　銀三兩三錢零六厘

丈三　　銀三兩四錢九分六厘

丈四　　銀三兩六錢七分八厘

丈五　　銀三兩八錢六分四厘

丈六　　銀四兩零四分六厘

丈七　　銀四兩二錢零九厘

丈八　　銀四兩六錢一分五厘

專治鼠搬家

用飛羅鬼…二神活好書寫

裝戊丑未牛羊斗 不准圖

橫坎七刀術坎七月

七次七書做餅放在屋內四角

屢驗此法甚妙